AF237104

Biografie

Salvatore Messina

Ein Künstler, den man nicht vergisst.

1. Auflage 2022

Herstellung und Verlag: BoD – Books on Demand, Norderstedt. ISBN: 9 783 754 377 857 © 2022, Gudrun Leyendecker

Gudrun Leyendecker ist seit 1995
Buchautorin. Sie wurde 1948 in Bonn
geboren... Siehe Wikipedia.

Sie veröffentlichte bisher über 56
Bücher, unter anderem Sachbücher,
Kriminalromane, Liebesromane, und
Satire. Leyendecker schreibt auch als
Ghostwriterin für namhafte Regisseure.
Sie ist Mitglied in schriftstellerischen
Verbänden und in einem italienischen
Kulturverein. Erfahrungen für ihre
Tätigkeit sammelte sie auch in
ihrerJahrzehnte langen Tätigkeit als
Lebensberaterin.

SALVATORE MESSINA, ein italienischer Maler,

wurde 1939 in Catania geboren. Er starb 2021 in der Nähe von Vicenza.

Seine Werke wurden in zahlreichen Galerien in Italien, Frankreich und der Schweiz gezeigt. Kunstdrucke seiner Arbeiten befinden sich in Museen in New York, Madrid, Paris und Moskau.

Messina erhielt bedeutende Auszeichnungen, darunter die Wandermedaille Italo-Iranischer Kultur.

2005 wurde ihm der Cesare d' Oro der Gazetta Europea verliehen sowie ein Preis von der Akademia Italiana di Letteratura dii Melbourne für künstlerische Verdienste.

Weiteres sieh Biografie…

SALVATORE MESSINA

Ein Künstler, den man nicht vergisst

Künstlerbiografie

von Gudrun Leyendecker

L'ultimo abbraccio a Messina artista ed ex candidato sindaco

●● Il mondo culturale e artistico in lutto per l'improvvisa scomparsa, a 82 anni, di Salvatore Messina che lascia la moglie Luciana ed il figlio Alberto. Uomo eclettico, contraddistinto da una grande ironia, sin da giovane ha coltivato la passione per fotografia, pittura, scultura e anche poesia. Ha istituito e organizzato il Premio internazionale di pittura, scultura e grafica Città di Valdagno. Centinaia le mostre organizzate a favore di molti artisti e innumerevoli le sue mostre in Italia e all'estero. È stato delegato Lav di Vicenza. Nel 2004 ha ricevuto la targa d'argento dell'Accademia italo-australiana di Melbourne, per la pittura. È stato membro dell'Accademia Gentium Pro Pace di Roma. Siciliano, a Valdagno è arrivato indossando la divisa dell'Arma e nel 2004 è stato candidato sindaco alle amministrative di Valdagno con la lista "No privilegi politici". Oggi alle 15.30 momento di preghiera alle celle dell'ospedale di Valdagno.

● G.Z.

L'artista Salvatore Messina. G.Z.

Heute ein Moment des Gebets im Krankenhaus

Die letzte Umarmung für Messina

Künstler und ehemaliger Bürgermeisterkandidat.

Die Kultur- und Kunstwelt trauert um Salvatore Messina, der im Alter von 82 Jahren plötzlich verstorben ist und seine Frau Luciana und seinen Sohn Alberto (Roberto) hinterlässt. Der energiereiche, von großer Ironie geprägte Mann, pflegte schon in jungen Jahren eine Leidenschaft für Fotografie, Malerei,

Bildhauerei und sogar Poesie. Er gründete und organisierte den internationalen Preis für Malerei, Bildhauerei und Grafik in der Città di Valdagno. Er hat Hunderte von Ausstellungen zugunsten zahlreicher Künstler und zahlreiche Ausstellungen in Italien und im Ausland organisiert. Er war LAV-Delegierter in Vicenza. Im Jahr 2004 erhielt er die Silberplakette der Italo-Australischen Akademie von Melbourne für Malerei. Er war Mitglied der Accademia Gentium Pro Pace in Rom. Er ist Sizilianer und kam in der Uniform der Armee nach Valdagno. 2004 kandidierte er bei den Kommunalwahlen in Valdagno mit der Liste "Keine politischen Privilegien". Heute um 15.30 Uhr wird im Krankenhaus von Valdagno eine Gebetsstunde abgehalten. G.Z.

Künstlerische Entwicklung und Laufbahn

Salvatore Messina wurde in der Mittagszeit, am 6. August 1939 in der sizilianischen Stadt Catania geboren. Dort, am Fuße des berühmten Vulkans Ätna verbrachte er seine Kindheit und Jugendzeit. Er liebte diese historische Stadt am Meer, in der sich viele berühmte Gebäude befinden, unter anderem auch der Elefantenbrunnen und die Kathedrale Sant' Agata. Er wuchs in einem hochherrschaftlichen Gebäude auf, in dem seine Mutter ihre speziellen und besonderen Kochkünste präsentierte, die er

sehr schätzte. Auch seinen Vater
verehrte und liebte er sehr, wie er
es auch in seinen späteren
poetischen Werken niederschrieb.
In der spirituellen Aura des
vielseitigen Siziliens öffneten sich
bei all den leuchtenden Farben
und Formen seine künstlerischen
Sinne und Sichtweisen schon früh.
Diese Farben seiner Heimat
verwendete er später gern in
seinen Bildern, besonders gern
auch das leuchtende Gelb des
sizilianischen Ginsters.

Auch der Vulkan Ätna spielte
schon früh eine Rolle in seinem
Leben. Hatte er doch selbst ein
ähnliches Temperament wie
dieser feurige Berg, der den
Menschen immer wieder

Fruchtbarkeit beschert. Sein Herz brannte, wenn er sich für etwas Positives begeisterte, aber seine ehrliche und scharfe Zunge verurteilte die Ungerechtigkeiten dieser Welt. Dann konnte er zum kämpfenden Löwen werden, dem es ein Anliegen war, für die Gerechtigkeit zu kämpfen. So kämpfte er später besonders für den Tierschutz, gegen Tierquälerei und Tierversuche, aber auch für die Ungerechtigkeit im menschlichen Bereich und im Speziellen gegen rassistische und nationalistische Extreme und gegen Misshandlung der Frauen und Misshandlung und Missbrauch an Kindern, was ihm später sogar unverständlicherweise einigen Ärger einbrachte.

Schon in seiner Jugend lernte er auf dem Ätna das Skifahren, ein Sport, der ihm noch viele Jahre sehr viel Freude bereitete. Er liebte diesen Berg, der 3357 m hoch ist und im Winter große Schneegebiete und vereiste Höhlen aufweist.

In den sechziger Jahren arbeitete Salvatore Messina im Norden Italiens als Carabiniere. In dieser Zeit erlebte er viele schreckliche Ereignisse, denn damals wurde der Norden Italiens von schlimmen Attentaten heimgesucht.

Bei den Attentaten starben ab 1961 und in der darauffolgenden Zeit 36 Carabinieri, da sie sich ständig der Gefahr aussetzen mussten, von Aufständischen (Terroristen) mit Bomben attackiert zu werden. Ein Freund und Kollege von Salvatore Messina starb in seiner Nähe und unter seinen Augen an den Folgen einer Bombenexplosion. Diese Erfahrung erweckte unter anderem auch in ihm den Wunsch nach Reformationen in der Welt und so interessierte er sich nun auch für viel Modernes im Bereich der Politik, der Kunst und des Modestils.

Neu war der Courrèges-Stil, der ihm ausnehmend gut gefiel. 1964 malte er ein Ölbild mit einem Motiv vom Meer mit einem mehrfarbig blauen Himmel, eines seiner wenigen Ölbilder. Der Courrège-Stil inspirierte ihn zu klaren Motiven und klaren Formen der abstrakten Malerei.

Neben vielen schwungvollen Zeichnungen, siehe Beispiel Bild 1, Bild 2, begann er mit seiner lebenslang sehr beliebten Acrylmalerei in verschiedenen Techniken, siehe Bild 5.

Viele Inspirationen holte sich der Künstler in der Natur, denn in seiner Freizeit kletterte er mit seinen Freunden in den Gebirgen Norditaliens, hauptsächlich auch im Bereich der Dolomiten. Dort war er auch an verschiedenen Orten, zum Beispiel in Mühlwald, in Sankt Ulrich, rund um Bruneck herum in verschiedenen Kasernen stationiert. Während er im Sommer die Gipfel erstieg, begeisterte er sich im Winter auch beim leidenschaftlichen Skifahren an der Landschaft.

Obwohl er nach wie vor seine Heimat Sizilien sehr verehrte, begann er eine besondere ewige Liebe für die Bergwelt zu empfinden, in der er sich frei und glücklich fühlte. Im Laufe seines Lebens lernte er viele berühmte Bergsteiger kennen, der bekannte Bergsteiger Gino Solda wurde sein Vorbild und Freund.

Nachdem Salvatore Messina mit seiner Frau Luciana, die er 1969 heiratete, nach Valdagno in den Bezirk Vicenza umgezogen war, wurde er dort heimisch und blieb in dieser Stadt, bis er am 7. September 1921 diese Welt verließ. Mit viel Empathie gedachte er zu Lebzeiten seiner gesamten Verwandtschaft, liebte seinen Sohn Roberto außerordentlich und ebenfalls seinen Enkel Francesco und alle ihm Nahestehenden.

Auch politisch wurde Salvatore Messina aktiv. Man kennt ihn in Valdagno als Bürgermeister-Kandidat und als Menschen, der stets die Interessen der schwachen und angegriffenen Menschen vertrat.

Hier, in Valdagno entstanden viele seiner Acrylbilder. Im Laufe seines Lebens fertigte er einige ausdrucksvolle Skulpturen, siehe Bild.

Seine zweite große Leidenschaft galt der Fotografie. Beispiele im Anschluss.

Hier erkennt man seine große Sensibilität, seine Empathie, seine Sinnlichkeit. Er fotografierte sämtliche Motive, besonders gern die Bergwelt, Pflanzen, Blumen, Vögel und mit einem speziellen Künstlerauge die Schönheit unbekleideter Körper, vorzugsweise die der Frauen.

Obwohl er die Schönheiten der materiellen Welt verehrte, blieb er ein Mensch, dem die inneren Werte am Herzen lagen.

Dies wird in seinen Gedichten ersichtlich, die nachfolgend beigefügt sind.

Gemeinsam mit Gudrun Leyendecker aus Bonn brachte er drei Gedichtbände heraus, die teilweise auch mit Bildern und Zeichnungen von ihm oder beiden geschmückt sind. Die beiden Künstler lernten sich 1964 in Norditalien kennen und arbeiteten bis zu seinem Tod gemeinsam.

Bücher:

Poesie di Salvatore Messina
Volume 1   2019   ISBN
9783735775931

Poesie di Salvatore Messina
Volume 2   2019   ISBN
9783744894791

Cuore Sal-Vaggio Poesie
2005   ISBN3897744309

Kein Glück in der Liebe
2005   ISBN 3897744317

(Gudrun Leyendecker)

Biografia

Salvatore Messina è nato a mezzogiorno del 6 agosto 1939 nella città siciliana di Catania. Lì, ai piedi del famoso vulcano Etna, trascorse la sua infanzia e giovinezza. Amava questa città storica sul mare, che ospita molti edifici famosi, tra cui la Fontana dell'Elefante e la Cattedrale di Sant'Agata. È cresciuto in un palazzo signorile dove sua madre presentava le sue speciali e particolari abilità culinarie, che lui apprezzava molto. Anche lui adorava e amava molto suo padre, come scrisse nelle sue successive opere poetiche. Nell'aura spirituale della poliedrica

Sicilia, con tutti i suoi colori e le sue forme brillanti, i suoi sensi e le sue prospettive artistiche si aprirono presto. Più tardi gli piacque usare questi colori della sua patria nei suoi quadri, specialmente il giallo brillante della ginestra siciliana. Anche il vulcano Etna ha avuto un ruolo nella sua vita all'inizio. Dopo tutto, lui stesso aveva un temperamento simile a quello di questa montagna ardente, che ha sempre portato fertilità all'umanità. Il suo cuore bruciava quando era appassionato di qualcosa di positivo, ma la sua lingua onesta e tagliente condannava le ingiustizie di questo mondo. Allora potrebbe diventare un leone combattente che si preoccupa di lottare per la giustizia. Così più tardi si è battuto soprattutto per la protezione degli animali, contro la crudeltà sugli animali e gli esperimenti sugli animali, ma anche per l'ingiustizia nella sfera umana e in particolare contro gli estremi razzisti e nazionalisti e contro la violenza sulle donne e l'abuso e il maltrattamento dei bambini, cosa che in seguito gli ha portato anche incomprensibilmente qualche problema.

In gioventù, ha imparato a sciare sull'Etna, uno sport che gli ha dato grande pia-

cere per molti anni a ve-
nire. Amava questa mon-
tagna, che è alta 3357 m e
ha grandi aree di neve e
grotte ghiacciate in inverno.
Negli anni sessanta, Salvatore Messina lavorava come
carabiniere nel nord Italia.
Durante questo periodo
visse molti eventi terribili,
perché in quel periodo il
nord dell'Italia era afflitto
da terribili assassinii.
Dal 1961 e nel periodo suc-
cessivo, 36 carabinieri mor-
irono negli assassinii,
poiché erano in costante
pericolo di essere attaccati
dagli insorti con le bombe.
Un amico e collega di Salvatore Messina è morto vicino a lui e sotto i suoi occhi a causa dell'esplosione

di una bomba. Tra le altre cose, questa esperienza risvegliò in lui il desiderio di riforme nel mondo, e così ora si interessava anche a molto di ciò che era moderno nei campi della politica, dell'arte e della moda. Nuovo per lui fu lo stile Courrèges, che gli piacque eccezionalmente. Nel 1964 dipinse un quadro a olio con un motivo del mare con un cielo blu multicolore, uno dei suoi pochi quadri a olio. Lo stile Courrège lo ha ispirato a dipingere motivi chiari e forme chiare nella pittura astratta.

Oltre a molti disegni a tappeto, vedi per esempio l'immagine !, l'immagine 2, l'immagine 3, ha iniziato la sua popolarissima pittura acrilica in diverse tecniche, vedi l'immagine 4, l'immagine 5.

L'artista traeva molta ispirazione dalla natura, perché nel suo tempo libero si arrampicava con i suoi amici sulle montagne del nord Italia, principalmente anche nella zona delle Dolomiti. Era anche di stanza in vari posti, per esempio a Mühlwald, a Sankt Ulrich, intorno a Brunico in varie caserme. Mentre scalava le cime d'estate, si appassionava al paesaggio anche d'inverno, quando andava a sciare.

Anche se adorava ancora molto la sua nativa Sicilia,

cominciò a sentire uno speciale amore eterno per il mondo della montagna, dove si sentiva libero e felice. Nel corso della sua vita, ha incontrato molti alpinisti famosi, e il noto alpinista Gino Solda è diventato il suo modello e amico. Trasferitosi a Valdagno, nel vicentino, con la moglie Luciana, che sposò nel 1969, vi stabilì la sua dimora e vi rimase fino a quando lasciò questo mondo il 7 settembre 1921. Con grande empatia ricordava tutti i suoi parenti durante la sua vita, amava straordinariamente suo figlio Roberto e anche suo nipote Francesco e tutte le persone a lui vicine.

Anche Salvatore Messina era politicamente attivo. È conosciuto a Valdagno come sindaco e come persona che ha sempre rappresentato gli interessi dei deboli e degli aggrediti. Qui, a Valdagno, sono stati creati molti dei suoi dipinti ad acrilico. Durante la sua vita fece alcune sculture espressive, vedi foto 6.

La sua seconda grande passione era la fotografia. Esempi immagine 7 immagine 8 immagine 9 immagine 10.

Qui si vede la sua grande sensibilità, la sua empatia, la sua sensualità. Ha fotografato tutti i tipi di soggetti, specialmente le montagne, le piante, i fiori, gli uccelli e, con un occhio speciale da artista, la bellezza dei corpi nudi, preferibilmente quelli delle donne. Anche se non ha apprezzato

è rimasto una persona che si preoccupa dei valori interiori.

Questo è evidente nelle sue poesie, che sono allegate qui sotto.

Insieme a Gudrun Leyendecker di Bonn, ha pubblicato tre volumi di poesia, alcuni dei quali sono anche ornati da immagini e disegni suoi o di entrambi. I due artisti si sono incontrati nel 1964 nel nord Italia e hanno lavorato insieme fino alla sua morte.

Libri:

Poesie di Salvatore Messina
Volume 1   2019   ISBN
9783735775931

Poesie di Salvatore Messina
Volume 2   2019   ISBN
9783744894791

Cuore Sal-Vaggio Poesie
2005   ISBN3897744309

Kein Glück in der Liebe
2005   ISBN 3897744317

BIOGRAFIE

(AUSZEICHNUNGEN und WERKE)

Salvatore Messina wurde am 6. August 1939 in Catania am Fuße des Ätna geboren.

Er war ein begnadeter Maler, erschuf Skulpturen, war Fotograf und ein Poet, von dem drei Gedichtbände in Gemeinschaftsarbeit mit Gudrun Leyendecker veröffentlicht wurden.

Salvatore Messina, der Maler der Moderne, erlebte seine erste eigene Ausstellung in der Galeria d" Arte G.Vergo in Valdagno.

Später stellte er aus in der Villa und Olmo von Como, im Palazzo Reale von Mailand. Im Arengario del Commune von Mailand, im Museum Postal Salmon Montparnasse von Paris, im Salon dell' arte Libre von Paris, in der Villa Palladiana Cordellina Lombardi von Montecchio Maggiore, im Palazzo Assessorile von Commune di Cles, im Circulo della Stampa in Catania, in der Galeria d' Arte Antica e Moderna von Salssomaggiore Terme, in der Galeria Palladio von Vicenza, in der Expo Arte von Pesaro, in der Galeria d' Arte Italia von Mailand, in der Galeria Chioso Domenicano von Bozen, in der Galeria Renault von Meran, in der Galeria delle

Fonti von Recoaro Terme, in der Galeria d' Arte Moderna von Thiene, in der Galeria d' Arte Il Pavone von Mailand, im Palazzo Arcivescoville von Vicenza, im Palazzo Borgia von Pienza, in der Galeria Il Sagittario von Vicenca, usw.

Werke des Künstlers befinden sich als Kunstdruck im Museum der modernen Kunst in New York, im Museum der modernen Kunst in Madrid, im Museum der modernen Kunst in Paris, im Museum Puskin in Moskau usw.

Bedeutende Anerkennungen wurden ihm zuteil, und unter diesen befindet sich die Wandermedaille Italo-iranischer Kultur.

Die Person des Malers wurde aufgenommen in der Enciclopedia Archivio Storico degli Artisti, und IEDA, usw.

Andere Werke im Bereich der Fotografie, auch digital finden eine besondere Beachtung und Anerkennung.

Besonders zu erwähnen ist auch seine Poesie, über die täglich bedeutende Kunstkritiker lobend schreiben, unter anderem Salvatore Fazia, Montoya, Carmelo Strano, Adelmo Vaghi, Orazio Puglisi, Salvatore Maugheri, Giuliato Menato, A.C. Barale, Reno Bromuro, A. De Bono, Giorgio Falossi, G. Novelli, Franca Longo, Horatio Puglisi, Sandra Cervone, Mario Robusti, Herbert Schenk, Luigi Parrinello, Romano

Fattorelli, Enzo Boscaro, Marina
Padovan, Fosco Corlionò, Vittorio
Visonà, usw.

Ehrungen wurden ihm zuteil von:
Giuseppe Santomasi, Emilio Scanavino,
Mario Radice…

Eingerichtet und organisiert hat er den
Premio Internationale di Pittura,
Scultura e Grafica „ Città di
Valdagno", deren Vorsitzender er ist.

Hunderte von Ausstellungen wurden
dem beliebten und bekannten Künstler
zu Ehren veranstaltet, man würdigte
ihn von allen Seiten.

Außerdem ist er Abgeordneter von
L.A.V. Lega Anti Vivisezionista für die
Provinz Vicenza gewesen.

Im Jahre 2005 erhielt er die ehrenvolle Anerkennung des Cesare d'oro der Gazzetta Europea von der Academia Italiana di Letteratura di Melbourne für künstlerische Verdienste.

Er war Jurymitglied bei vielen nationalen und internationalen Wettbewerben der Malerei, Grafik, usw.

Im Bereich der Fotografie hat er zahlreiche Preise gewonnen.

BIOGRAFIA (PREMI E OPERE)

Salvatore Messina è nato a Catania nel 1939

La sua prima mostra persomale è stata allestita nel 1965 presso la Galleria d'arte G. Verga della sua città.

Successivamente ha esposto a Villa Olmo di Como, al Pallazzo Reale di Milano, all' Arengario del Commune di Milano, al Museo Postal Montparnasse di Parigi, al Salon dell' Art Libre di Parigi, alla Villa Palladiana Cordellina Lombardi di Montecchio Maggiore, al Palazzo Assessorile del Commune di Cles, al Circolo della Stampa di Catania, all Galleria d' Arte Antica e Moderna di Salsomaggiore Terme, alla Galleria Palladio di Vicenza, all' Expo Arte di Pesaro, alla Galleria d'arte Italia di Milano, alla galleria Chiosco Domenicano di Bolzano, alla Galleria Renault di Merano, alla Galleria delle Fonti di Recoaro Terme, alla Galleria moderna di Thiene, alla Galleria d'arte Il Pavone di Milano, al Palazzo Arcivescovile di Vicenza, al Palazzo Borgia di Pienza, alla Galleria Il Sagittario di Vicenza ecc.

Opere dell' artista sono conservate presso il Museo d'Arte Moderna di New York, il Museo d'Arte Moderna di Madrid, il Museo d'arte Moderna di Parigi, al Museo Puskin di Mosca ecc.

Importanti riconoscimenti gli sono stati assegnati e tra questi la Targa Scambi culturali Italo- Iraniani. Innumerevoli gli scritti critici su quotidiani, riviste d' arte, enciclpedie ecc.

Figura presso L'enciclopedia Archivio Storico degli Artisti, ed. IEDA ecc…

Opera inoltre, nel campo della fotorafia, anche digitale, riscuotendo ambiti riconoscimenti.

Ultimamente si dedica, inoltre alla poesia.

Hanno scritto su quotidiani e riviste del settore artistico i critici:

Salvatore Fazia, Montoya, Carmelo Strano, Adelmo Vaghi, Orazio Puglisi, Salvatore Maugheri, Giuliano Menato, A.C.Barale, Reno Bromuro, A. De Bono, Giorgio Falossi, G.Novelli, Franca Longo, Sandra Cervone, Mario Robusti ecc.

Apprezzamenti gli sono stati rivolti da: Giuseppe Santomaso, Emilio Scanavino, Mario Radice…

Ha istituito e organizzato il Premio Internazionale di Pittura, Scultura e Grafica „Città di Valdagno" del quale è presidente. Centinaia le mostre organizzate a favore sei molti artisti sconosciuti e non.

E stato delegato della L.A.V. Lega anti Vivisezionista per la provincia di Vicenza.

Nel 2005 gli è stata assegnato un riconoscimento d'onore dall' Accademia Italiana di Letteratura di Melbourne.

Per meriti artistici il Cesare d'oro dalla Gazzetta Europea.Ha fatto parte di Giurie in concorsi nazionali ed internazionali di pittura, grafica…

Ha vinto numerosi premi in concorsi fotografice…

Hier erkennt man unschwer die Sonnenfarben aus Salvatore Messinas Geburtsland Sizilien. Es leuchtet das Gelb des unterschiedlichen Tageslichts, das Rot der aufgehenden und der untergehenden Sonne. Das Gelb des Ginsters und anderer blühender Pflanzen dringt hindurch, aktive warme Farben bestimmen das Bild. Bei näherem Hinsehen enthält es viele Figuren und Formen, die sich in aktiver und teilweise auch aggressiver Form begegnen. Hier zeigen sich verschiedene Situationen des Lebens, in denen der Mensch agiert und kämpft. Es sind Szenen des alltäglichen Lebens, aus dem Tierreich, aus dem Zusammenleben der Menschen. Mitten im Bild erkennt man zwischen all diesen Lebewesen ein großes mahnendes „Ausrufezeichen". Hier scheint der Maler die Menschheit zu mahnen, zu warnen! Für die Gerechtigkeit arbeitet nach gutem Wissen und Gewissen, aber achtet auf die Grenzen! Wie eine Hemmschwelle steht dieses Zeichen als Mahnmal in der Mitte. Auch hier erkennt man den Künstler, der stets gegen Gewalt gekämpft hat.

Qui si riconoscono facilmente i colori del sole della Sicilia natale di Salvatore Messina. Il giallo della diversa luce del giorno traspare, il rosso del sole che sorge e tramonta. Il giallo della ginestra e di altre piante da fiore penetra attraverso, i colori caldi attivi determinano l'immagine. A ben guardare, contiene molte figure e forme che si incontrano in modo attivo e talvolta aggressivo. Qui si mostrano diverse situazioni di vita, in cui l'uomo agisce e combatte. Sono scene di vita quotidiana, del regno animale, della convivenza delle persone. Al centro dell'immagine, tra tutti questi esseri viventi, si riconosce un grande "punto esclamativo" ammonitore. Qui il pittore sembra ammonire, mettere in guardia l'umanità! Lavorate per la giustizia secondo buona conoscenza e coscienza, ma fate attenzione ai limiti! Una soglia d'inibizione sta questo segno come un avvertimento nel mezzo. Anche qui si

riconosce l'artista che ha sempre lottato
contro la violenza.

Visione d'inverno

Winter-Vision

Salvatore Messina in uniforme dei
Carabinieri

Salvatore Messina in der Uniform der
Carabinieri

Poesie di Salvatore Messina

Il Giardino dei cedri

D'armonie si veste

Coi muri a secco di lava

Il giardino die cedri alle falde dell' Etna

Gialle ginestre d'oro dipinte

Facean da quinte al sole d'agosto

Ricordo quei tempi remoti

Coi sentieri dei gelsi

E dell'uva moscata

I dolci sapori

Sono ricordi

Di quand' ero ragazzo

Il giardino dei cedri

Der Zederngarten

Voll Harmonie umkleidet sich

mit trockenen Lavawänden

der Zederngarten am Fuße des Ätna.

Gelbe Ginsterbüsche mit Gold bemalt

gaben die Kulisse für die Augustsonne.

Ich erinnere mich an diese fernen Zeiten

mit Pfaden aus Maulbeeren

und Muskatnuss-Trauben-

Die süßen Düfte

sind Erinnerungen an die Zeit,

als ich noch ein Junge war.

Foto, ROSA di Salvatore Messina

Foto, ROSE von Salvatore Messina

Mio figlio

Io

Nelle mani nel vento

M'involo in spazi sconfinati.

Intono canti

Inni a labbra chiuse

Mentre mi perdo

Tra luci candele

Concerti dedici alle stelle.

Estasiato è il cuore

Negli occhi di mio figlio.

E vivo.

Mein Sohn

Ich

fliege

mit den Händen im Wind

in grenzenlose Weiten.

Ich singe Lieder

Hymnen mit geschlossenen Lippen

während ich mich

zwischen den Lichtern der Kerzen verliere,

Konzerte, die den Sternen gewidmet sind.

In Exstase ist das Herz

in den Augen meines Sohnes.

Und ich lebe.

Son io

Non sono stelle

quelle sappiano

in cielo

o forse quelle

d' altri lontani mondi

né quelle di mia madre

spentasi alla terra.

Non sono stelle

Illuminanti ora il viso

le mani o i sogni

o l'albe rinnovate

in cima alle montagne

i piccoli cristalli

o dei santi le parole

Piccola mia son io

Che vivo nei tuoi occhi.

Ich bin's

Und es sind die Sterne

die vom Himmel wissen

oder vielleicht

von anderen fernen Welten

auch nicht die meiner Mutter

sich verschwendend auf der Erde.

Sie sind keine Sterne

Die mein Gesicht nun erleuchten

lassen

die Hände oder die Träume

oder eine neue Morgendämmerung

auf den Gipfeln der Berge

Es sind die kleinen Kristalle

oder die Worte der Heiligen

Meine Kleine, ich bin es,

der in deinen Augen lebt.

Vecchia foto dalla sua patria

Altes Foto seiner Heimat

Pausa pranzo
Servizio antiterrorismo in Alto Adige 1964
Salvatore - Piero - Domenico

Pause in den Dolomiten, Salvatore (links)
mit den

Kameraden der Anti-Terrorgruppe 1964 in
Norditalien

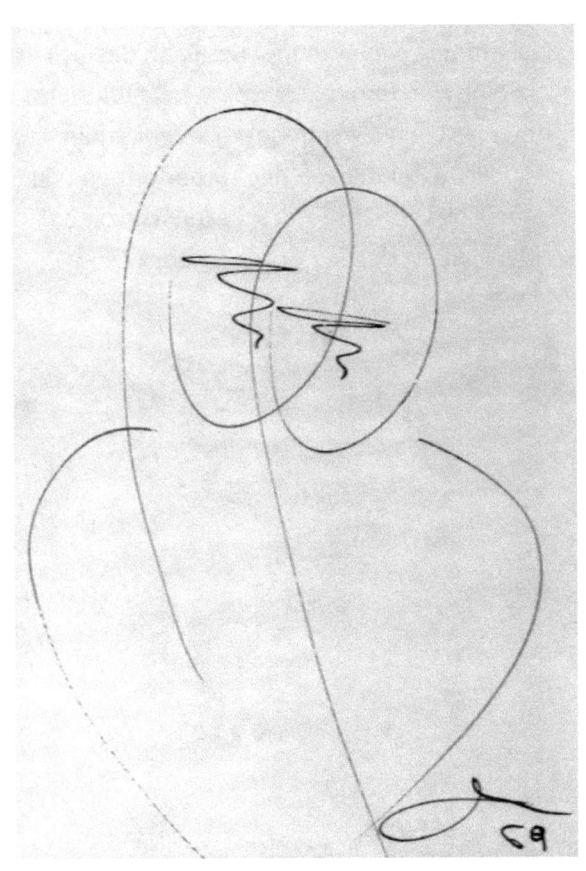

Bild 1

Text Bild 1

Mit sicherer Strichführung zeigt diese Zeichnung ein harmonisches Paar, das sich in eine Herzform einzubetten scheint. Wenn man es genauer betrachtet, erkennt man sinnliche Rundungen der Körperformen und ähnliche Gesichtsausdrücke, die von einem Gleichklang der Seelen sprechen.

Testo dall'immagine 1

Descrizione Immagine 1

Con tratti sicuri questo disegno mostra una coppia armoniosa che sembra essere incastrata in una forma di cuore. Se lo si guarda più da vicino, si possono vedere le curve sensuali delle forme del corpo e le espressioni facciali simili, che parlano di un'armonia delle anime.

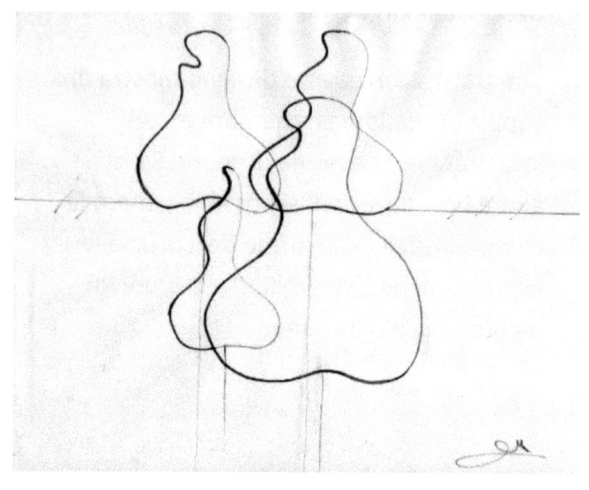

Bild 2

Text Bild 2

Die beiden Figuren, die auf einem geraden Lebensweg wandeln, werden nur in runden Formen dargestellt, die den Menschentyp nicht genau erkennen lassen. Anhand der Formen lassen sich zwei Personen erkennen, die man als Mann und Frau identifizieren kann. Die linke Figur, bestehend aus zwei einzelnen Teilen, geht ein wenig voran und besitzt einen schlankeren Unterkörper. Die ausladenden Formen der zweiten Figur lassen eine weibliche Person vermuten. Man ist bereit anzunehmen, dass es sich hier um ein durchschnittliches Paar handelt, das sich um eine Harmonie bemüht, trotz einiger gravierender Unterschiede. Die geschwungenen Linien zeigen Sicherheit und Sinnlichkeit.

Immagine 2

Testo Immagine 2

Le due figure, che stanno percorrendo una strada dritta attraverso la vita, sono rappresentate solo in forme rotonde, che non rivelano il tipo esatto di persona. Sulla base delle forme, due persone possono essere identificate come uomo e donna. La figura a sinistra, composta da due parti separate, cammina un po' più avanti e ha una parte inferiore del corpo più sottile. Le forme sporgenti della seconda figura suggeriscono una persona femminile. Si può supporre che si tratti di una coppia media che cerca l'armonia, nonostante alcune serie differenze. Le linee curve mostrano sicurezza e sensualità.

Salvatore Messina mit Bersteigerfreunden,
Marmolada 1985

Salvatore Messina con amici, Marmolada
1985

La scultura a forma di fungo simboleggia
con la sua incisione la possibile diversità
dell'esterno dall'interno.

Die pilzförmige Skulptur symbolisiert mit
ihrem Anschnitt die mögliche Diversität des
Äußeren vom Inneren.

Salvatore Messina è stato magicamente attratto da motivi espressivi e drammatici come i gatti apparentemente pensosi sul venerabile vecchio monumento. Queste foto a volte sembrano raccontare intere storie.

Magisch angezogen fühlte sich Salvatore Messina von Aussagekräftigen und dramatischen Motiven wie hier von den scheinbar nachdenklichen Katzen auf dem ehrwürdigen alten Denkmal. Diese Fotos scheinen zuweilen ganze Geschichten zu erzählen.

Pieghe in bianco e nero. Le strutture lo
affascinavano, come si può vedere in molti
dei suoi dipinti e foto. Il ricorrente dava alla
sua anima (a volte malinconica) sicurezza e
rassicurazione.

Faltenwurf in Schwarz und Weiß. Strukturen
faszinierten ihn, wie man an vielen seiner
Bilder und Fotos erkennt. Das Immer
Wiederkehrende schenkte seiner zuweilen
melancholischen Seele Sicherheit und
Beruhigung.

Qui, in questo appartamento nel cuore di Valdagno, Salvatore ha vissuto con sua moglie Luciana fino alla sua scomparsa. Negli ultimi anni della sua salute cagionevole e tormentata dal dolore, parlava sempre con gratitudine delle cure di sua moglie Luciana.

Sullo sfondo si possono vedere alcuni dei suoi dipinti acrilici multicolori, che ha creato con precisione e sensibilità.

Hier, in dieser Wohnung im Herzen von Valdagno lebte Salvatore mit seiner Frau Luciana bis zu seinem Ableben. In den letzten Jahren seiner schlechten gesundheitlichen Verfassung und von Schmerzen geplagt, sprach er stets voller Dank über die Fürsorge seiner Frau Luciana. Im Hintergrund erkennt man einige seiner mehrfarbigen Acryl-Gemälde, die er mit Akkuratesse und Sensibilität erschuf.

Salvatore Messina in giovane età, umile, ma pieno di desideri per il miglioramento del mondo. La crudeltà degli uomini accese in lui una santa rabbia che più tardi lo portò a lottare contro l'ingiustizia. Con le sue parole oneste e il suo temperamento focoso, divenne un avversario serio che si dimostrò scomodo per i suoi avversari.

Salvatore Messina in jungen Jahren, bescheiden, doch voller Wünsche für eine Verbesserung der Welt. Die Grausamkeit der Menschen entfachte in ihm einen heiligen Zorn, der ihn später dazu veranlasste, gegen das Unrecht zu kämpfen. Mit seinen ehrlichen Worten und seinem feurigen Temperament wurde er ein ernst zu nehmender Gegner, der sich für seine Gegner als unbequem erwies.

Una foto come un quadro: lo sguardo è
magicamente attratto dalla luce del
lampione, il bagliore luminoso illumina a
sua volta il sentiero, la recinzione
ornamentale e intricata, la siepe e i rami di
conifere diffuse. Un giardino misterioso
giace nell'oscurità. Qui Salvatore Messina
combina linee chiare e strutture e fatti del
mondo reale con i regni misteriosamente
nascosti dell'immaginazione e
dell'inconscio. Un film d'atmosfera di
successo.

Ein Foto wie ein Gemälde: Der Blick wird von dem Licht der Straßenlaterne magisch angezogen, der helle Schein wiederum beleuchtet den Gehweg, den schmückenden, diffizilen Zaun, Hecke und die ausladenden Nadelbaumzweige. Ein geheimnisvoller Garten liegt in der Dunkelheit. Hier verknüpft Salvatore Messina klare Linien und Strukturen und Fakten der realen Welt mit den geheimnisvoll verborgenen Reichen der Fantasie und des Unbewussten. Ein gelungenes Stimmungsbild.

Questa foto erotica sembra essere la storia d'amore di Marte, il conquistatore e dio della guerra, e la bella Venere. La foto di Salvatore Messina cattura il momento speciale di una storia d'amore. Pieno di entusiasmo, innamorato e intimo, questo giovane bacia la sua amata, che gli si concede senza esitazione e con fiducia. Mentre la coppia dimentica il mondo che la circonda, il giovane ha già perso la terra sotto i piedi, niente sembra essere più importante del loro amore. Come per gioco, il braccio sinistro della giovane donna giace disinvolto e rilassato sulla gamba destra dell'uomo, che la lascia riposare in grembo e si china su di lei, baciandola ma allo stesso tempo proteggendola. Ancora una volta, tutta una storia è nascosta in questa immagine.

Dieses erotische Foto scheint die Liebesgeschichte des Eroberers und Kriegsgottes Mars und der schönen Venus zu sein. Salvatore Messina fängt mit seinem Foto den besonderen Moment einer Liebesgeschichte ein. Voller Begeisterung, verliebt und innig küsst dieser junge Mann seine Geliebte, die sich ihm bedenkenlos und vertrauensvoll hingibt. Während das Paar die Welt um sich herum vergisst, der junge Mann bereits den Boden unter den Füßen verloren hat, scheint nichts wichtiger zu sein als ihre Liebe. Wie spielerisch liegt der linke Arm der jungen Frau lässig und entspannt über dem rechten Bein des Mannes, der sie in seinem Schoß ausruhen lässt und sich küssend, aber auch zugleich schützend über sie beugt. Wieder einmal verbirgt sich eine ganze Geschichte in diesem Bild.

Exakt nach den Regeln und Gesetzen der Malerei und der Fotografie sind die Lichtpunkte, die beiden größeren leuchtenden Laternen ins Bild gesetzt: im oberen linken Viertel befindet sich Laterne Nummer 1 im unteren rechten Viertel Laterne Nummer 2.

Der Schwerpunkt, die Engelsburg (italienisch Castel Sant'Angelo oder Mausoleo di Adriano) in Rom liegt nach dem Gesetz nicht mittig, um dem Engel den richtigen Platz der Aufmerksamkeit zu ermöglichen. Die dunklen Mauern des Gebäudes zeigen ihre düstere Wirkung, so, wie man es gedanklich mit einem Mausoleum verbinden kann, hinter dem Gebäude verschwindet alles in einem schwarzen Nichts.

I punti di luce, le due lanterne luminose più grandi, sono collocate nel quadro esattamente secondo le regole e le leggi della pittura e della fotografia: nel quarto superiore sinistro c'è la lanterna numero 1 nel quarto inferiore destro la lanterna numero 2.

Il punto focale, Castel Sant'Angelo (italiano: Castel Sant'Angelo o Mausoleo di Adriano) a Roma, è decentrato secondo la legge, per permettere all'angelo il giusto posto di attenzione. Le pareti scure dell'edificio mostrano il loro effetto cupo, proprio come si può associare mentalmente a un mausoleo, dietro l'edificio tutto scompare in un nero nulla.

Salvatore Messina, qui nei suoi anni di servizio come carabiniere, mostra nell'espressione del viso un misto di sentimenti e pensieri negativi. È facile vedere che sta rimuginando su una grande ingiustizia. Riflette costernazione e tristezza così come le grandi domande sul perché. Lo sgomento, la disillusione e la mancanza di comprensione non sono solo evidenti nei suoi occhi, ma in tutta la sua espressione facciale. Una leggera disperazione si mescola all'espressione un po' sregolata delle sue labbra, che promettono una lotta futura. Non può continuare così, sembra dire la sua bocca. Mentre la sua mano sinistra esprime ancora impotenza, la destra sta già stringendo per una lotta energica.

.

Salvatore Messina, hier in seinen
Dienstjahren als Carabiniere zeigt an seinem
Gesichtsausdruck eine Mischung negativer
Gefühle und Gedanken. Man kann
unschwer erkennen, dass er hier über ein
großes Unrecht nachgrübelt. Es spiegelt sich
Betroffenheit und Trauer ebenso wider wie
die großen Fragen nach einem Warum.
Betroffenheit, desillusioniert sein und
Verständnislosigkeit zeigen sich nicht nur in
seinen Augen, sondern in seiner gesamten
Mimik. Eine leichte Hoffnungslosigkeit
vermischt sich mit dem etwas
widerspenstigen Ausdruck seiner Lippen,
die einen künftigen Kampf versprechen. So
kann das nicht weitergehen, scheint seinen
Mund zu sagen. Während seine linke Hand
noch Hilflosigkeit ausdrückt, ballt sich die
Rechte schon für einen energischen
Kampfgeist.

.

alvatore Messina mostra anche in questa foto che non è conforme alle circostanze date. Mi ricorda l'anno 1965, quando mi mostrò una signora con un vestito che mostrava la protesta dello stile Courrèges. Grandi orecchini a quadretti bianchi e neri che penzolavano dai suoi lobi. "È così che tutti dobbiamo protestare, penso che sia un bene" sono state le sue parole.

Salvatore Messina zeigt auch auf diesem Foto, dass er nicht mit den gegebenen Umständen konform ist. Es erinnert mich an das Jahr 1965, als er mir eine Dame zeigte, die ein Kleid trug, das den Protest das Courrèges-Stils zeigte. Große, schwarz-weiß karierte Ohrringe baumelten dazu von ihren Ohrläppchen herab. „So müssen wir alle protestieren, das finde ich gut" waren seine Worte.

Dal 1964 Salvatore Messina adorava la pianista Margarete Lang di Bonn, morta nel 1995. Le piaceva particolarmente suonare Chopin, Brahms, Rachmaninoff, Shostakovich e Schumann e Tschaikowski, tra gli altri. L'artista era in possesso della sua musica sotto forma di CD. La sua mentalità si rifletteva nel sua modo di suonare, spiritoso, sentito, sensibile, energico e a volte malinconico.

Seit 1964 verehrte Salvatore Messina die Pianistin Margarete Lang aus Bonn, die 1995 verstorben ist. Sie spielte unter anderem besonders gern Chopin, Brahms, Rachmaninow, Schostakowitsch und Schumann und Tschaikowski. Der Künstler war im Besitz ihrer Musik in Form von CDs. Seine Mentalität fand sich in ihrem Spiel wieder, temperamentvoll, herzlich, sensibel, energetisch und zeitweise melancholisch.

Un concerto della pianista di Dresda
Margarete Lang di Bonn con un'amica
violinista.

Quando la pianista morì, i suoi desideri,
espressi con un sorriso, tendevano a poterla
sentire suonare il piano dal vivo almeno una
volta più tardi in paradiso.

Ein Konzert der Dresdner Pianistin
Margarete Lang aus Bonn mit einem
befreundeten Geiger.

Als die Pianistin verstarb, tendierten seine
mit einem Lächeln vorgebrachten Wünsche
dorthin, wenigstens später einmal im
Paradies ihr Klavierspiel live hören zu
können.

Questo quadro invernale atmosferico e fiabesco mostra il lato molto sensibile di Salvatore Messina. La delicatezza dell'espressione parla da sola, e la nebbia misteriosa lascia molto spazio alla fantasia e al romanticismo. Allo stesso tempo, l'occhio fotografico pratico mostra che le leggi dell'ottica sono state osservate nonostante tutta la creatività. Le aree chiare e scure dell'immagine risultano in un insieme armonioso.

Dieses stimmungsvolle und märchenhafte Winterbild zeigt die hochsensible Seite von Salvatore Messina. Die Zartheit des Ausdrucks spricht für sich, und der geheimnisvolle Nebel lässt viel Platz für Fantasie und Romantik. Gleichzeitig zeigt das geübte fotografische Auge, dass die Gesetze der Optik trotz aller Kreativität eingehalten wurden. Helle und dunkle Bildflächen ergeben ein harmonisches Ganzes.

In questa foto in bianco e nero, l'artista mette ancora una volta in evidenza le strutture che spesso riappaiono nei suoi dipinti acrilici. Questa volta è la struttura di legno vivo, di un vecchio magazzino, che è particolarmente adatto come modello in bianco e nero, secchezza e umidità, tavole sbiancate dal sole e dal tempo offrono i contrasti qui. Allo stesso tempo, si percepisce che il suo amore per il dettaglio viene alla ribalta anche qui, così come il suo amore per la natura, per il legno e per i vecchi materiali e risorse venerabili.

In diesem schwarz-weiß Foto bringt der Künstler wieder einmal die Strukturen zum Vorschein, die in seinen Acrylbildern häufig erneut zum Vorschein kommen. Diesmal handelt es sich um die Struktur des lebendigen Holzes, eines alten Speichers, der sich als schwarz-weiß Modell besonders eignet, Trockenheit und Feuchtigkeit, von Sonne und Wetter gebleichte Bretter bieten hier die Kontraste. Gleichzeitig spürt man, dass hier auch seine Liebe zum Detail zum Vorschein kommt, ebenfalls seine Liebe zur Natur, zum Holz und zu alten ehrwürdigen Materialien und Ressourcen.

Questa foto mostra l'amato e venerato padre di Salvatore Messina, al quale ha anche dedicato delle poesie. È anche onorato in uno dei suoi numerosi video.

Dieses Foto zeigt Salvatore Messinas geliebten und verehrten Vater, dem er auch Gedichte widmete. Auch in einem seiner zahlreichen Videos wird ihm eine Ehrung zuteil.

L'artista amava le montagne, soprattutto nel nord dell'Italia, e in particolare le Dolomiti. Era un alpinista appassionato che non aveva paura di nessuna cima. Lì, insieme ai suoi amici, ha vissuto ore indimenticabili della sua vita, alle quali ha spesso ripensato anche nella sua vecchiaia. Non è stata solo l'aria a liberarli lì. Non era solo la sensazione di vedere le cose dall'alto, da una certa distanza, qui gli fu permesso di sperimentare che i suoi sforzi laboriosi portavano al successo desiderato. Lui stesso conosceva le pietre delle montagne, eppure la struttura del suo carattere assomigliava a una pietra severa e fedele che amava sempre la natura ma non ne abusava mai. Per tutta la sua cordialità, il suo carattere ha sempre mostrato la semplice modestia del mondo delle montagne di pietra.

Der Künstler liebte die Bergwelt, besonders im italienischen Norden und im Speziellen die Dolomiten über alles. Er war ein passionierter Bergsteiger, den kein Gipfel schreckte. Gemeinsam mit seinen Freunden erlebte er dort unvergessliche Stunden in seinem Leben, an die er auch im Alter oft zurückdachte. Es war nicht nur die Luft, die ihn dort befreite. Es war nicht nur das Gefühl, die Dinge von oben, aus einiger Distanz zu sehen, hier durfte er erleben, dass seine mühevollen Anstrengungen den gewünschten Erfolg brachten. Er selbst war den Steinen der Berge vertraut, glich doch die Struktur seines Charakters einem strengen, treuen Stein, der die Natur stets liebte, aber niemals missbrauchte. Bei aller Herzlichkeit zeigte sein Charakter stets die einfache Bescheidenheit der steinernen Bergwelt.

Determinato, coraggioso, sicuro di sé e imperterrito, è così che l'artista atletico si mostra qui sulla via delle "sue" montagne. Qui c'erano obiettivi che poteva raggiungere, mentre molte volte minacciava di disperarsi per l'ingiustizia del mondo e in alcune poesie rappresentava la sua delusione con molte persone. Anche in età avanzata, visitava spesso il suo "rifugio", che gli ricordava le battaglie vinte e lo sollevava con il pensiero di buoni amici e compagni.

I dolori della vecchiaia non erano solo quelli del suo corpo, ma anche la sua anima si sentiva a volte allacciata con la stanchezza del mondo che portava con sé e che ha espresso in non pochi video.

Sebbene amasse il cielo azzurro, come si definiva anche "Amolazzurrodelcielo", "amo l'azzurro del cielo", i suoi video successivi mostravano soprattutto minuti di cielo coperto, grigio o tempestoso, riflettendo il suo stato d'animo e raccontando la delusione che tante lotte inutili contro l'ingiustizia gli avevano portato.

Entschlossen, mutig, selbstbewusst und unerschrocken, so zeigt sich der sportliche Künstler hier auf dem Weg in „seine" Berge. Hier gab es Ziele, die er erreichen konnte, während er manches Mal an der Ungerechtigkeit der Welt zu verzweifeln drohte und in manchen Gedichten seine Enttäuschung über viele Menschen darstellte. Auch im Alter besuchte er häufig noch sein „Rifugio", das ihn an gelungene Kämpfe erinnerte und ihn mit den Gedanken an gute Freunde und Kameraden erbaute.

Die Schmerzen im Alter waren nicht nur die seines Körpers, sondern auch seine Seele fühlte sich zuweilen geschnürt vom Weltschmerz, den er mittrug und in etlichen Videos zum Ausdruck brachte.

Obgleich er den blauen Himmel liebte, so nannte er sich auch den „Amolazzurrodelcielo", „Ich liebe das Azurblau des Himmels", zeigten seine späteren Videos vorwiegend minutenlange bedeckte, graue oder stürmische Himmel, die seinen Gemütszustand widerspiegelten und von der Enttäuschung berichten, die ihm mancher vergebliche Kampf gegen die Ungerechtigkeit beschert hat.

L'artista è nato sotto il segno zodiacale del Leone, questo quadro non mostra l'ostentato re delle montagne, ma l'essere umano che ha rispetto per la maestà della natura e si meraviglia in silenzio. L'attaccante della vetta si trova qui come una roccia in armonia con l'ambiente circostante. Qui sentì Dio, al quale aveva pensato molto. Gesù crocifisso era un modello per lui, si sentiva chiamato a percorrere il suo stesso cammino di dolore del corpo e dell'anima.

Non era una persona che prendeva dalla vita ciò di cui aveva bisogno, ma cercava la sua strada per dare al mondo con i suoi mezzi disponibili più di quanto prendesse.

Der Künstler ist im Sternzeichen des Löwen geboren, dieses Bild zeigt nicht den protzigen König der Berge, sondern den Menschen, der vor der Erhabenheit der Natur Respekt hat und schweigend staunt. Der Gipfelstürmer steht hier selbst wie ein Fels im Einklang mit seiner Umgebung. Hier spürte er Gott, über den er sich viele Gedanken gemacht hat. Der gekreuzigte Jesus war ein Vorbild für ihn, er fühlte sich berufen, seinen eigenen Schmerzensweg von Körper und Seele zu gehen.

Er war kein Mensch, der sich vom Leben nahm, was er brauchte, sondern suchte seinen Weg, mit seinen zur Verfügung stehenden Mitteln der Welt mehr zu geben, als er nahm.

Questa foto in bianco e nero fa fermare la vita per un momento. Non una foglia sembra muoversi. Le foglie piumate sembrano presentarsi allo spettatore in ordine sparso. La luce e l'ombra offrono un chiaro contrasto e permettono di vedere chiaramente le strutture dei rami anteriori e delle foglie. Il risultato è una freschezza che trasmette la vitalità del verde nonostante i toni grigi. L'artista, amante delle piante e dei fiori, media qui tra l'uomo e la flora. Salvatore Messina riesce con questo dettaglio a creare una fotografia "istruttiva", accattivante e allo stesso tempo decorativa.

Dieses Schwarzweiß-Foto lässt das Leben einen Augenblick lang stillstehen. Kein Blatt scheint sich zu bewegen. Feinsäuberlich geordnet scheinen sich die gefiederten Blätter dem Betrachter zu präsentieren. Licht und schatten bieten einen deutlichen Kontrast und lassen die Strukturen der vorderen Zweige und Blätter deutlich erkennen. Daraus entsteht eine Frische, die trotz der Grautöne die Lebendigkeit eines Grüns vermittelt. Der Künstler, Liebhaber der Pflanzen und Blumen, vermittelt hier zwischen Mensch und Flora. Salvatore Messina gelingt hier mit diesem Ausschnitt ein Foto, das „lehrreich", ansprechend und gleichzeitig dekorativ ist.

Imbronciata dal sole e un po' stanca, questa è l'espressione che trasmette il volto dell'alpinista. Guardando l'orizzonte, le montagne sullo sfondo, si sospetta che il gruppo abbia una lunga strada sassosa alle spalle. Ma forse Salvatore Messina è solo infastidito dalla moltitudine di foto già scattate. Chi può biasimarlo, considerando che esperienza è la scalata di una cima, che evoca sensazioni diverse in ognuno. Diamo loro un po' di respiro!

Sonnengeblendet und ein bisschen müde, diesen Ausdruck vermittelt das Gesicht des bergsteigenden Künstlers. Wenn man den Horizont, die Berge im Hintergrund betrachtet, ahnt man, dass die Gruppe einen weiten, steinigen Weg hinter sich hat. Möglicherweise ist Salvatore Messina aber nur genervt von der Vielzahl der bereits geschossenen Fotos. Wer kann es ihm verdenken, wenn man bedenkt, welches Erlebnis eine Gipfelbesteigung ist, die in jedem andere Empfindungen hervorruft. Gönnen wir ihnen eine Verschnaufpause!

L'artista Salvatore Messina è sempre stato molto popolare. Il suo aspetto piacevole e i suoi modi calorosi gli procurarono molti amici, una vasta cerchia di conoscenti e molti ammiratori. Possedeva il fascino speciale di Pablo Neruda, che ammirava molto e di cui amava straordinariamente le poesie. Come favorito nel campo musicale, Ennio Morricone merita una menzione speciale, ma anche il suo amico speciale e cantante Carlo Giove Giovenco.

Altri amici fedeli sono sempre stati "Remil Renato Milleri", Claudio Moica, Gian Paolo Grattarola, Edoardo Greco e molti altri...

Der Künstler Salvatore Messina war von jeher sehr beliebt. Sein angenehmes Äußeres und seine herzliche Art schenkten ihm viele Freunde, einen großen Bekanntenkreis und viele Verehrerinnen und Verehrer. Er besaß den besonderen Charme des Pablo Neruda, den er sehr verehrte und dessen Gedichte er außerordentlich liebte. Als Favorit im musikalischen Bereich ist noch Ennio Morricone besonders zu erwähnen, aber auch sein besonderer Freund und Sänger Carlo Giove Giovenco.

Weitere treue Freunde sind ihm stets gewesen „Remil Renato Milleri", Claudio Moica, Gian Paolo Grattarola, Edoardo Greco und viele weitere…

118

Salvatore Messina

Non ti dimenticheremo mai!

Wir werden dich niemals vergessen!

*La trovi negli occhi di un animale la
carezza vera di un amico*

(SalMessina)

In den Augen eines Tieres findet man die
wahre Zärtlichkeit eines Freundes.

(SalMessina)

PER ROBERTO

VOLO

VOLO GLI
SPAZIDELLE
AQUILE

DOVE L'AZZURRO
ALL'RIZZONTE

CONTORNA LE
MONTAGNE

VOLO

I SILENZI DELLE
NOTTI

QUELLI DEI
BAMBINI

L'AMORE DELLE
MADRI A
PREGARE.

VOLO

L'ABBRACCIO
DEGLI AMICI

O QUANTI SOLI

PIANGIONO LA
CROCE

O IL MARTIRIO,

VOLO

A MANI GIUNTE

E MENTRE
GUARDO IL CIELO

UN'ALTRA
LACRIMA

MI SOLCA IL VISO.

FÜR ROBERTO

FLUG

ICH FLIEGE IN DIE
RÄUME VON
ADLERN

WO DAS BLAU DES
HORIZONTS

DIE BERGE
UMGIBT

ICH FLIEGE

IN DIE STILLE DER
NÄCHTE

DIE DER KINDER

DER LIEBE DER
BETENDEN
MÜTTER.

ICH FLIEGE

IN DIE
UMARMUNG VON
FREUNDEN

ODER DIE WIE
VIELE ALLEIN

DAS KREUZ
BETRAUERN

ODER
MÄRTYRERTUM,

ICH FLIEGE

MIT GEFALTETEN
HÄNDEN

UND WÄHREND
ICH IN DEN
HIMMEL SCHAUE

DURCHLÄUFT
EINE WEITERE
TRÄNE

MEIN GESICHT.

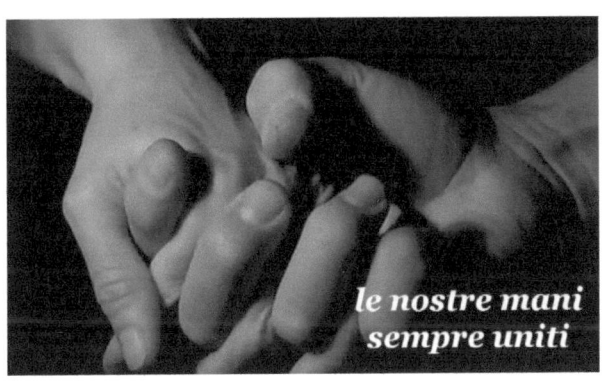

le nostre mani
sempre uniti

FSC
www.fsc.org

MIX

Papier aus ver-
antwortungsvollen
Quellen

Paper from
responsible sources

FSC® C105338